100 IDEAS para CAMPAMENTOS MEMORABLES

e625.com

100 IDEAS PARA CAMPAMENTOS MEMORABLES
e625- 2025
Dallas, Texas

Editado por: **Marcelo Mataloni**

Diseño Interior: **JuanShimabukuroDesign**

ISBN: 978-1-954149-84-7

IMPRESO EN ESTADOS UNIDOS

100 IDEAS para CAMPAMENTOS MEMORABLES

COLABORADORES

LAUTARO BONGIORNO

Y MIEMBROS DEL EQUIPO DE RECURSOS DE E625.COM

e625.com

PRESENTACIÓN IMPORTANTE

¿Quién no necesita ideas? Todos las necesitamos: ideas frescas, excéntricas, inolvidables y osadas, y sobre todo cuando el propósito es cautivar a un grupo selecto de personas con las verdades eternas de Dios.

La creatividad es un regalo del cielo, y una gran noticia que tenemos para darte es que *la creatividad de otros también puede ser tu creatividad.* ¿Quién lo sabe todo por generación instantánea? Solo Dios. Los demás aprendemos compartiendo ideas unos de otros, y de eso se trata este libro y esta serie (este libro es parte de otros materiales de este estilo).

La creatividad se aprende, demanda trabajo y planificación y además requiere algo de desinhibición cognitiva, fe y amor. ¿Por qué amor? Porque si te desespera que tu púbico aprenda es porque lo amas, y cuando lo amas no tienes tantas trabas emocionales y excusas para no usar la creatividad y exponerte a hacer cosas diferentes.

El GRAN PORQUÉ

El punto de usar la creatividad en el ministerio no es ser creativos sino eficaces y fieles y lograr lo que Dios puso en nuestras manos para lograr. Yo me resisto a esa idea antibíblica de que si es espiritual es aburrido y si es aburrido es porque es espiritual. ¿Por qué «espiritual» no puede ser emocionante? Lo emocionante es divertido, atrapa y seduce, y para eso usamos la creatividad. Nuestras actividades deben dejar en claro que no hay nada más emocionante que estar en la voluntad del Dios que nos escogió para una vida abundante (Juan 10:10) que sea catalizadora de su gracia (Efesios 2:10).

De manera aislada, casi todas estas ideas pueden hacerte creer que tu tarea es hacer algo espectacular para que tu público crea que eres espectacular, pero sería un despropósito que el punto sea ese. El objetivo de cada idea está anclado en la pedagogía: usamos estas ideas para enseñar, no siempre y no todas para dar una clase bíblica —porque también es bíblico trabajar en las relaciones, como vemos en Marcos 3:14—, pero sí por amor a la tarea que tenemos entre manos y a las personas a las cuales servimos.

DE LAS IDEAS A LA ACCIÓN

Quienes trabajamos en este libro no conocemos a tu público como tú, lo cual quiere decir que todo lo que leas demanda una adaptación y también un plan de ejecución. En muchas ocasiones, el *timing* (o, dicho en español, «encontrar el tiempo oportuno») define el resultado de una idea más que la idea en sí misma: lo que sabes de tu público determina si una idea es realizable o no con ellos —aunque a veces igualmente puedes sorprenderte—.

Las ideas no tienen pies, manos u ojos pero tú sí, así que no es que las ideas «trabajan» o no sino que nosotros debemos trabajar para que las ideas lleguen a la acción.

Planea con anticipación, ya que *creatividad* no es sinónimo de *espontaneidad:* si la idea requiere materiales, lo primero es conseguir los materiales; si la idea demanda cómplices, prepara de antemano los cómplices de la mejor manera posible.

Calendariza las ideas, porque si esperas a la situación ideal para realizarlas es posible que nunca vayan a suceder (eso no quiere decir que no busques el tiempo oportuno como ya dijimos, pero *oportuno* no es sinónimo de *perfecto*).

LO VERDADERAMENTE SAGRADO

Por último, te recuerdo que prácticamente ninguna de las actividades que hacemos en el ministerio son sagradas: lo sagrado es la Palabra de Dios y las personas a las cuales servimos. Los horarios, comportamientos y costumbres son detalles de los usos de cada contexto; ni siquiera el templo es sagrado porque Dios no habita ahí (Hechos 17:24). Ni el horario de la reunión, la manera de sentarse o el orden de actividades están en la Biblia, lo cual quiere decir que Dios te dio libertad creativa para implementar distintas ideas de cara a la misión de hacer discípulos (Mateo 28:18); claro que debemos ser sensibles a lo que nuestra comunidad interpreta de cada costumbre (Romanos 14:1-2) y al hecho de que siempre debemos estar seguros de no ser cómplices de rebeldía barata o de bajar los estándares de moralidad, pero con sentido común, en todo se puede innovar para ser cada vez más fieles a la tarea que Dios puso en nuestras manos.

¡Ánimo en Jesús!

Dr. Lucas Leys

Autor. Fundador de e625.com

CONTENIDO

TU LISTA DE IDEAS

¿POR QUÉ HACER UN CAMPAMENTO ES UNA GRAN IDEA?

Si este libro llegó a tus manos quiere decir que tú o tu equipo están pensando en llevar a cabo un campamento con tu grupo de niños, preadolescentes, adolescentes o jóvenes, o incluso de iglesia (involucrando a las familias), ¡y déjame decirte que eso es una excelente idea!

Si estás involucrado en el liderazgo generacional de tu iglesia local es porque deseas que las nuevas generaciones puedan crecer en amando a Dios y amando a las personas, y por lo tanto, queremos invitarte a descubrir por qué realizar un campamento es una gran oportunidad para llevar a tu grupo a un nuevo nivel de conexión con Dios y con los demás.

La guía online Campamentos y retiros to go —disponible en nuestra web— nos anima a que el objetivo de un campamento memorable no debe ser realizar muchos cultos solo utilizando un lugar diferente, sino que el objetivo principal debe ser «que todos los participantes puedan tener un encuentro personal y genuino con Dios» (Campamentos y retiros to go, Lagram, pág. 8). Por eso, estamos convencidos de que un campamento memorable debe tener como objetivo central el hecho de que durante esos días los acampantes puedan crecer y fortalecer su relación con Dios y con los demás.

Estas 100 ideas solo tienen sentido si las apuntamos en la dirección correcta y descubrimos que un campamento puede ser un lugar donde a través de la diversión, la reflexión, la creatividad, la actividad física y la naturaleza generamos una invitación a una conexión más profunda con Dios y los demás.

Entre muchos otros principios, esta guía (que idealmente te animamos a conseguir si sueñas con realizar un campamento memorable) nos propone que, si tenemos en claro que ese es nuestro objetivo, los campamentos nos ofrecen tres grandes oportunidades que debemos aprovechar:

1. CANTIDAD DE TIEMPO COMPARTIDO:

Es una cuestión matemática: si tomamos el ejemplo de un campamento de dos noches (viernes a domingo) tendremos (descontando unas 16 horas de sueño) unas 32 horas para compartir con el grupo. Si tu tiempo de reunión semanal es aproximadamente de una hora y media, un campamento equivale aproximadamente a unas 22 reuniones, lo que equivale a casi medio año de actividades semanales. Queda claro el punto, ¿no?

La primera oportunidad estratégica que nos da un campamento es la cantidad de tiempo compartido que podemos tener con nuestro grupo para construir relaciones, conocernos mejor y compartir el mensaje de fe.

2. El ENFOQUE QUE PRODUCE El RETIRO:

Si hablamos de disciplinas espirituales, los campamentos cristianos surgen de la disciplina del retiro, y esta disciplina se trata de tomar distancia de nuestras actividades diarias para enfocarnos en Dios y en lo que Él desea de nosotros.

Esta es la segunda oportunidad estratégica que tendremos al realizar un campamento: por dos o tres días (o lo que dure tu campamento) contamos con su atención completa para poder generar experiencias memorables para hacer crecer su fe.

3. DIVERSIDAD DE PROPUESTAS:

Probablemente en el lugar en que se reúne tu iglesia no tengas opciones ilimitadas de propuestas para hacer (ya sea porque el salón es pequeño o demasiado grande), las opciones para ser creativos se reducen y la oportunidad de hacer cosas innovadoras se complejiza, y mucho más si tienes horarios y días asignados dentro de los cuales no puedes variar demasiado.

Frente a eso, los campamentos nos dan una tercera gran oportunidad, que es el hecho de que podemos planear una diversidad casi infinita de propuestas para animar a conectar con Dios y formar amistades.

Por todo eso, desde e625 queremos compartirte 100 ideas que pueden hacer que tu campamento se vaya a otro nivel, con ideas generales desde la organización hasta ideas específicas para momentos de recreación, alabanza o grupos pequeños.

Si estás planeando o vas a planificar tu campamento, este libro es ideal para ti, ¡y ahora ya lo sabes!

IDEAS para planificar tu campamento

1 DESARROLLA UNA TEMÁTICA RELEVANTE

Cuando estamos planificando el campamento, una de las cosas que puede llevarnos más tiempo es pensar en el tema que vamos a desarrollar. Es súper importante aprovechar las tres oportunidades que nos dan los campamentos para desarrollar una temática relevante y concreta.

Llamamos *relevante* a una temática que responde a las necesidades del grupo según su edad y según su circunstancia. Por ejemplo, si tienes un campamento de niños donde su pensamiento es concreto, quizás hablarles de propósito y plantearles preguntas sobre la vocación no sea lo más relevante para ellos (aunque esta temática sí sería muy importante tenerla en cuenta si el campamento es para jóvenes).

Otro ejemplo sería que, si el grupo creció y hay muchas personas nuevas siendo parte, pudieran reflexionar sobre la importancia de formar buenas amistades, lo que se vuelve relevante para su circunstancia específica.

El punto que queremos proponerte es que puedan esforzarse como equipo para elegir de manera estratégica qué temática sería buena de poder tratar durante esos días, y que lo hagan de manera transversal a toda la planificación.

2. QUE LA TEMÁTICA ELEGIDA SEA TRANSVERSAL A TODO EL CAMPAMENTO

Una acción clave para que el campamento quede en la memoria de los acampantes es que la temática elegida aparezca prácticamente en todas las propuestas y actividades posibles. ¿Qué quiere decir eso? Que el tema central que elija el equipo lo hagan concreto en todo lo que pase en el campamento. Eso no quiere decir que prediquen en la cena, o después de cada juego, sino que todo apunte al tema elegido y en maneras creativas.

Por ejemplo, si queremos hablar acerca de la identidad que tenemos como hijos de Dios tendríamos que planificar lo siguientes pasos:

- Pensar un nombre atractivo para el campamento, que pueda ser fácilmente recordado y utilizado durante todo el campamento para juegos y charlas.

- Al elegir el nombre, pensar si es posible desarrollar una gran historia que incluya juegos, escenografía y referencias constantes a ese tema que deseamos tratar. Por ejemplo, si la idea es hablar sobre relaciones puede usarse el nombre «No te aísles», preparar el salón como si fuera una isla desierta, hablar sobre la necesidad que tenemos de vivir con otros y hacer juegos donde como grupo tienen que intentar escapar y salvarse (o al revés), y tener que salvar a alguien que se perdió. ¿Qué logramos con esto? Que el tema elegido sea recordado una y otra vez por todo lo que proponemos.
- Al tener momentos de alabanza, poder pensar canciones y propuestas que nos ayuden a fortalecer el eje del tema central.

Te decimos todo esto, porque creemos que es esencial darle intencionalidad a cada propuesta a realizar, para que todo ayude a que sea un campamento memorable.

3. USAR LOS GRUPOS PEQUEÑOS

Creemos que la herramienta de conversar en grupos pequeños es esencial en algún momento de toda la planificación para garantizar un campamento memorable. Realizar actividades de esa manera ayuda a integrar al grupo, formar comunidad, brindar espacio

donde hacer preguntas y conversar cuestiones que muchas veces son difíciles de abordar en el grupo grande.

Te proponemos que sean estratégicos en la planificación y que desarrollen una hoja de conversación o guía temática que pueda desarrollarse en ese tiempo.

4. QUE LA ADORACIÓN NO SEA SOLO CANTAR

En ninguna parte de la Biblia se afirma que la adoración es exclusivamente cantar. En realidad, la Biblia habla de que la mejor adoración es dar toda nuestra vida, y esto se manifiesta a través de la obediencia, pero en algunos contextos parece que eso solo sucede cuando nos juntamos en un salón y cantamos juntos, lo cual es muy valioso, pero queremos animarte a que aprovechando la variedad de opciones que ofrece un campamento, se animen a pensar en dinámicas que no solo sean cantar.

5. APRENDER JUGANDO

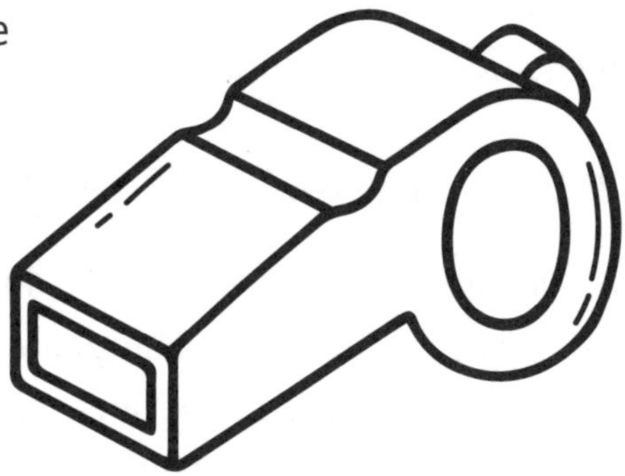

Está comprobado que una de las mejores maneras de aprender es jugando. Hoy en día, hasta en la capacitación de adultos se realizan actividades en grupos donde juegan mientras fortalecen sus equipos para la tarea diaria.

Cada cosa que hacemos en el campamento es una oportunidad educativa, y durante los juegos podemos ayudar a que se pongan en práctica. Por ejemplo, volviendo al tema anterior de hablar sobre el valor de vivir en comunión con otros, podemos realizar un juego donde es necesario lograr cosas en equipo, y luego tomar esa experiencia para dar principios bíblicos sobre esto.

6. 100 % REFLEXIÓN. 100 % DIVERSIÓN

Para que un campamento sea memorable debe tener reflexión, pero también debe tener diversión. En general, nuestras clases o reuniones tienen reflexión, y por eso es importante que un campamento no tenga solo eso; la reflexión es fundamental y por eso te proponemos que haya un tema transversal, pero también te proponemos que haya mucha diversión sana, porque eso genera comunidad, fortalece relaciones y graba recuerdos que duran para siempre.

7. ELIGE EL LUGAR CON SABIDURÍA

Al momento de planificar un campamento, la elección del lugar es mucho más que una decisión logística, es un factor estratégico que impacta profundamente en la experiencia, el aprendizaje y la seguridad de todas las personas participantes. Seleccionar el espacio adecuado significa pensar en el propósito del encuentro, analizar las opciones disponibles, considerar los recursos reales del grupo y, sobre todo, prestar atención a las edades y necesidades de quienes asistirán.

No todos los grupos cuentan con el mismo acceso a lugares ideales, pero siempre existen alternativas, por lo que es importante investigar y comparar varias opciones, considerando factores como la distancia, el costo, el acceso a servicios básicos, la seguridad, la infraestructura disponible (dormitorios, baños, salones, espacios cubiertos) y el entorno natural o urbano. Además, contemplar si el lugar tiene experiencia

previa recibiendo grupos similares puede ayudar a prever posibles desafíos y aprovechar recursos que ya existen en el sitio.

Planear con sabiduría significa ajustar las expectativas al presupuesto y los recursos materiales y humanos que tiene el grupo. Un lugar perfecto pero fuera del alcance económico puede ser fuente de frustración; por eso, es fundamental equilibrar los deseos y el sueño de un gran campamento con la realidad financiera. A veces, la creatividad permite transformar un espacio sencillo en un ambiente inolvidable: una buena decoración, organización y espíritu de equipo hacen maravillas, aun cuando los recursos sean limitados.

El sitio debe ser adecuado para el grupo, teniendo en cuenta la edad, las capacidades y las expectativas. Para campamentos infantiles, por ejemplo, la seguridad debe ser prioritaria: espacios cerrados, control de accesos y zonas de juego seguras, mientras que para adolescentes pueden buscarse lugares con mayor libertad de movimiento y actividades más desafiantes.

Elegir el lugar del campamento con sabiduría no solo se trata de encontrar un espacio físico, sino de construir las bases para que cada persona viva una experiencia transformadora. Un lugar bien elegido multiplica los efectos positivos del campamento, asegura bienestar y disfrute, y permite que el objetivo central cobre vida en cada momento compartido.

8. CREAR AMBIENTES IMPACTANTES (ESCENOGRAFÍA, DECORACIÓN Y PRODUCCIÓN)

No se trata de tener una superproducción, sino de poder pensar cómo hacer que el espacio donde estamos desarrollando el campamento nos ayude a predisponernos mejor. Si el lugar está desordenado y vacío no va a generar nada, o hasta incluso puede generar distracciones; sin embargo, si está decorado y producido va a generar una mejor atención, va a sentirse como una demostración de amor (podemos dar fe de que muchos se sienten impactados por eso) y podemos usarlo estratégicamente —por ejemplo, haciendo grandes carteles con un versículo central y utilizar ese recurso para recordarlo una y otra vez—.

9. COMAN RICO

No se trata de tener un gran presupuesto, sino de poder esforzarte por preparar comidas ricas y sabrosas con los recursos que tengas disponibles. Puedes convocar a papás y mamás del grupo a colaborar con la cocina, acompañar con un rico postre o simplemente una buena presentación que haga sentir al grupo que hasta el momento de la comida está pensado con amor y dedicación para ellos.

10. EL VALOR DEL ANTES Y EL DESPUÉS: PLANIFICA UN PRECAMPA Y UN POSCAMPA

Sea como sea que esté formado tu grupo, puede ser muy interesante realizar un encuentro previo al campamento para generar expectativa, y sobre todo un encuentro posterior al campamento para afianzar vínculos, compartir recuerdos y reforzar todo lo logrado en esos días.

11. ANÚNCIALO CON TIEMPO SUFICIENTE

Parece obvio, pero no lo es. Pueden planear un campamento extraordinario, pero si no lo comunicaste con el tiempo suficiente, todo ese esfuerzo puede no tener el alcance esperado.

Separar un fin de semana completo muchas veces es un desafío, por eso es súper importante que lo tenga en cuenta la iglesia en su calendario general, y también las familias y los acampantes para que nadie se lo pierda por no organizarse con sus trabajos o estudios (eso pasa mucho con los jóvenes) o que no se superponga con una viaje o evento familiar.

12. FORMA UN EQUIPO

Nadie logra hacer un campamento memorable trabajando solo. Organizar un campamento es una gran oportunidad para formar equipos e involucrar a las familias y personas que pueden potencialmente sumarse al equipo ministerial.
No hagas que todo caiga sobre unos pocos: pide

ayuda, organiza un equipo y potencia tu campamento trabajando y sirviendo en comunidad.

13. EVALUAR EL RESULTADO FINAL

Muchas veces, al terminar un gran esfuerzo con nuestro equipo tenemos la tentación de disfrutar de lo logrado y no hacer una pausa para evaluar cómo se desarrolló el campamento conforme a los objetivos planteados. Es esencial poder hacer una buena evaluación al terminar para poder reflexionar sobre lo vivido, y dejar registro de lo que debemos repetir y de lo que no para que, de esa manera, cuando llegue el momento de realizar un nuevo campamento, podamos construir sobre la experiencia anterior y no perder todo ese aprendizaje.

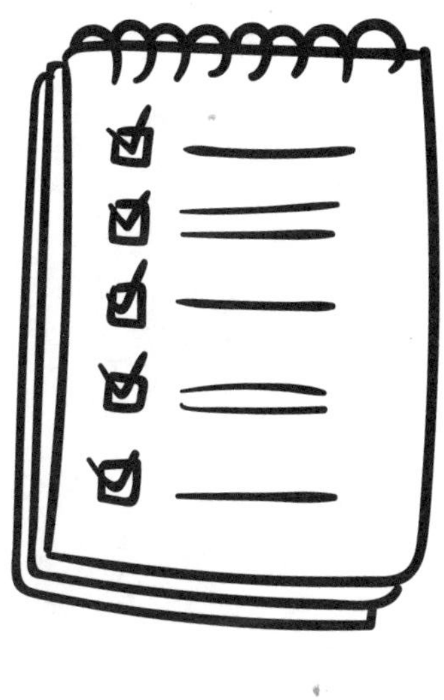

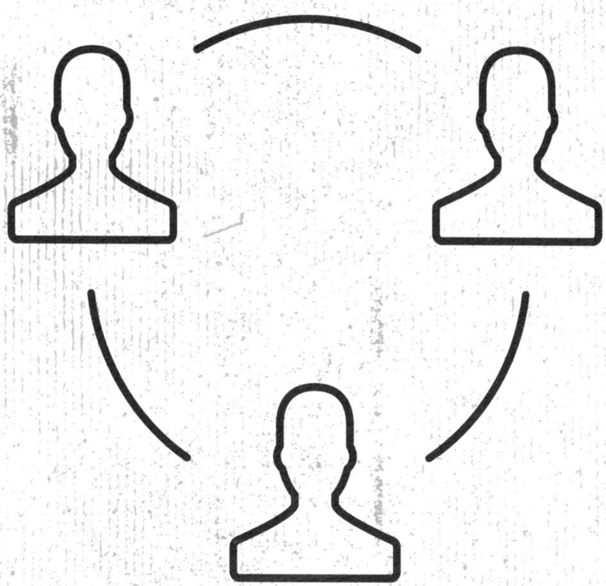

IDEAS para formar nuevas amistades

14. QUE EL CAMPA EMPIECE ANTES DE SALIR

Ya sea que vayas al campamento en auto o en bus, una gran idea para formar amistades es sorprender a todos reuniéndolos en un punto de encuentro y haciendo una primera actividad simple pero que sirva para conocerse. La ventaja de esto es que, para cuando lleguen al campamento, ya sepan algunos nombres y aprovechen el viaje para seguir conociéndose.

La idea que te proponemos es *la prueba de la memoria*, que consiste en formar grupos de no más de veinte personas, donde elijan al que mejor memoria tenga y que en unos minutos intente aprenderse todos los nombres de su grupo. El primer grupo en lograrlo sin errores sube primero al micro o consigue una golosina de regalo.

Una dificultad extra es que no solo no puede equivocarse, sino que tampoco esté permitido usar muletillas como «eh» o «mmm» mientras estén intentando recordar.

15. BIENVENIDA

Es súper importante preparar una actividad de bienvenida al llegar al lugar: puede ser un juego simple, una dinámica de presentación o algo divertido. Todos sentirán tensión e incertidumbre al llegar al campamento, y por eso es esencial generar un ambiente divertido y familiar lo más rápido posible.

No dejes pasar la oportunidad de usar un juego rompehielos lo antes posible, porque va a generar grandes beneficios para todo el resto del campamento.

16. JUGAR EN EL VIAJE

Según el tiempo de viaje que tengas, puedes aprovechar para hacer alguna canción grupal o juego sencillo para seguir fomentando que se conozcan y formen amistades. Puedes utilizar acertijos, juegos de preguntas y respuestas o canciones grupales.

17. ¿DÓNDE ESTAMOS?

Esta idea puede ser aplicada en todas las edades, sin embargo, debe ser adaptada correctamente según cada grupo. Básicamente te proponemos que el micro se detenga en un punto previo al llegar al lugar, y que el grupo se encuentre con uno o varios desafíos que cumplir para efectivamente lograr llegar al campamento. Puede ser en algún punto del camino (o si el predio donde se realiza el campamento es amplio, en algún punto alejado del lugar base). Al bajar, se les presentará un desafío, como una búsqueda del tesoro o algún juego similar, donde al lograr la meta se les revelará el mapa para llegar al campamento.

18. PARA ROMPER LA DIVISIÓN CHICOS-CHICAS

Si organizas un campamento para preadolescentes o adolescentes, definitivamente enfrentarás el desafío de tratar de separar constantemente los mini grupos de chicos o chicas (y en algunos campamentos de jóvenes también puede pasar).
Una idea para romper con esta división e integrar al grupo puede ser generar juegos donde seamos intencionales en fomentar la interacción entre ellos de forma natural y divertida, quitándole tensión y logrando que el grupo se vuelva más unido.

Una idea puede ser un juego simple como el fútbol, carreras de relevos o carreras de obstáculos, pero en parejas o grupos de cuatro (dos chicas y dos chicas) tomados de la mano; así, entre risas y momentos divertidos, fomentamos la interacción entre ellos.

19. MEZCLAR LAS MESAS A LA HORA DE COMER

Generalmente, todos tendemos a buscar a nuestros mejores amigos para sentarnos a comer, pero esta idea te propone generar algún tipo de estrategia para mezclar a los grupos y generar nuevas amistades durante el campamento. Un ejemplo puede ser que se sienten por mes de nacimiento, la letra con la que empieza su nombre o siendo asignados al entrar al comedor; sea como sea, el objetivo es lograr nuevas amistades, también a la hora de comer.

20. DIVIDIR LAS HABITACIONES POR EDADES

Otra inclinación muy común es que, cuando es hora de buscar la habitación o carpa correspondiente, los acampantes nuevamente busquen reunirse con sus amigos. Por lo tanto, también acá sería muy bueno poder contar con una estrategia en caso de que sea necesario. ¿Cuál puede ser? Por experiencia, dividir por edades suele ser lo más práctico: por ejemplo, los varones de 10 años a la habitación 1, los varones de 11 años a la habitación 2, y así sucesivamente.

¡Las habitaciones suelen ser un lugar donde al terminar el día se dan buenas charlas y se forman buenas amistades!

21. HACER GRUPOS DE SERVICIO

Otra manera de formar nuevas amistades es sirviendo a otros durante el campamento, ya sea lavando lo que se usó para comer, ordenando el salón, levantando las mesas o incluso limpiando baños (aunque esto pueda ser asqueroso para más de uno, ¡ja!). Esas experiencias también tienen el potencial de volverse inolvidables y de hacer equipo con personas que pueden terminar siendo grandes amigos.

22. GENERAR ACTIVIDADES DIVERTIDAS PARA LOS TIEMPOS LIBRES

Si planeamos cada momento con intencionalidad, entonces los tiempos libres también tienen un objetivo. Los momentos libres nos permiten descansar un poco,

pero vamos a ser honestos: no creo que los acampantes quieran dormir siestas o solo estar sentados mirando las nubes mientras pasa el tiempo. El tiempo libre es un excelente momento para generar juegos deportivos o de mesa, conversaciones profundas y momentos de conexión.

Por ejemplo, para ese momento prepara juegos de mesa que estén disponibles para el grupo y que luego los devuelvan, pelotas de distintos deportes para que puedan jugar quienes lo deseen (y los líderes deberán estar atentos para incluir a los tímidos y a los nuevos) y más ideas, para que los tiempos libres sean tan valiosos como aquellos que ya están programados.

23. PREPARA TARJETAS CON SUS NOMBRES

Todos sabemos el nombre de las personas que son importantes para nosotros, y si de alguien no sabemos el nombre será porque no es tan importante para nosotros... o al menos, eso es lo que comunicamos.

Conocer el nombre de un chico o chica te permite iniciar una charla y te ayuda a que conocer a nuevas personas sea más sencillo; por eso, te proponemos que al llegar al campamento todos encuentren una etiqueta o tarjeta con su nombre y puedan tenerla pegada (al menos el primer día) para facilitar que el equipo y los propios acampantes puedan comenzar con esa ayuda cualquier interacción o conversación en el campamento.

IDEAS para que no todo sea cantar

24. CANTAR MUCHAS CANCIONES NO NECESARIAMENTE ES ADORAR

La adoración definitivamente es algo mucho más profundo. La verdadera adoración bíblica nos habla de obediencia, de entrega y de nuestra vida completa como una ofrenda que agrade a Dios, y es un estilo de vida y lejos está de ser solo cantar (o incluso solo cantar ciertos estilos musicales específicos).

Con esto, no queremos decir que haya que dejar de cantar o utilizar la música en tus campamentos. A lo largo de toda la Biblia vemos al pueblo de Dios cantar y utilizar la música para enseñar principios, generar unidad y todos juntos reconocer la grandeza de nuestro Dios.

Experimentar una adoración a través de la música como iglesia es una experiencia maravillosa, pero ya que en nuestros cultos por cuestiones prácticas y logísticas en general solo podemos expresarla cantando, te proponemos algunas ideas para aprovechar los campamentos para ampliar las experiencias y enriquecer nuestras expresiones de adoración y enseñar a las nuevas generaciones que adorar es más que solo cantar.

25. COMBINACIONES

Aquí te proponemos comenzar a combinar lo musical con otro tipo de expresiones, y de esta manera no dejamos el terreno conocido para todos, pero le agregamos opciones para hacerlo más dinámico y amplio. Esto es ideal para grupos que no estén acostumbrados a este tipo de dinámicas.

Para esto te recomendamos que, en la planificación del tiempo de alabanza, se contemple algún momento para explicar las distintas opciones para expresarle a Dios nuestra adoración de otras maneras. Por eso, te proponemos preparar en el salón sectores de dibujo y escritura, para que durante el tiempo de adoración puedan acercarse y explorar estas expresiones de adoración.

26. POR ESTACIONES

Esta idea es más innovadora y disruptiva: te proponemos un tiempo de adoración por estaciones. ¿De que se trata eso? Dividir a los acampantes en grupos pequeños y que ellos comienzan a recorrer por determinado tiempo las estaciones planificadas donde los recibirán personas que les explicarán la consigna y los guiarán en el proceso.

Las estaciones pueden ser diversas y estratégicas para sus objetivos en el campamento, pero te sugerimos algunas:

- Lectura bíblica (pueden leer salmos o algunas otras oraciones bíblicas)
- Silencio
- Intercesión
- Adoración con música

27. CANTAR EN LA NATURALEZA

Como dijimos anteriormente, por cuestiones logísticas y prácticas probablemente siempre que cantamos lo hacemos dentro del mismo salón, pero aprovechando el campamento podemos llevar el tiempo de alabanza a la naturaleza. Puede ser en un pasto cómodo para sentarse, en un bosque, mirando un atardecer o incluso mirando las estrellas: este es el tipo de experiencia única que solo en los campamentos podemos generar, conectando la adoración mientras observamos la creación que nos habla del Creador.

28. AMAR A DIOS CON TODAS TUS FUERZAS

La Biblia nos enseña que el cuerpo es el templo del Espíritu Santo, y por lo tanto debemos cuidarlo. ¿Qué tal si incluimos la actividad física en un tiempo de adoración? El objetivo no es entrenar por rendimiento, sino hacer algo que incluso les permita a todos experimentar cómo el cuidar el cuerpo puede ser una manera de adorar a Dios.

29. ADORAR A TRAVÉS DEL SERVICIO

¿Qué pasaría si un día sorprendemos a todos generando un tiempo de adoración a través del servicio? En el momento en que todos esperan canciones les proponemos ayudar en algún sector del lugar, limpiar el parque, poner la mesa o ayudar a los cocineros. ¿No es nuestro servicio a otros también una de las cosas que Dios más disfruta?

30. EXPERIENCIAS INMERSIVAS

Una opción interesante es planear una experiencia inmersiva que incluya música, con reflexiones y actividades vivenciales, como por ejemplo:

- Realizar una fogata y reflexionar acerca de nuestra relación con Dios
- Soltar globos con nuestros pedidos a Dios
- Escribir algo que quisiéramos entregar y armar nuestro muro de entrega al Señor
- Trabajar con arcilla mientras cantamos, explorando el paralelismo con Dios como alfarero quien moldea nuestra vida con sus manos

Así como estas, estamos seguros de que pueden pensar muchas más. ¡Animo con esa creatividad!

31. TALLERES

A diferencia de las estaciones donde es un tiempo breve (ya que el objetivo es recorrer todas generando esa diversidad de experiencias), los talleres buscan invitarte a profundizar en una de las expresiones artísticas por un tiempo un poco más largo. Aquí podríamos invitar a conocidos o miembros de nuestra iglesia que nos cuenten cómo experimentan la adoración a Dios a través de las distintas expresiones, y algunos ejemplos podrían ser:

- Escritura
- Dibujo
- Arcilla o cerámica
- Ejercicio físico
- Cocinar
- Servir

32. NOCHE DE TALENTOS

La *noche de talentos* a veces es usada solo a modo recreativo con talentos que buscan divertirnos o lucirse para impresionar a otros. ¿Qué pasaría si preparáramos un tiempo para mostrar nuestros talentos, pero enfocados en adorar a Dios con las habilidades que Él nos dio?

Podemos escuchar a excelentes escritores leer sus notas, alguien compartir una canción, mostrar un dibujo o incluso una actuación, pero enfocado en adorar a Dios.

33. TALLER DE ORACIÓN CREATIVA

Este taller invita a los participantes a expresar sus oraciones a través de diferentes formas artísticas (pintura, poesía, música o dramatización) y se les proporciona material diverso y un espacio tranquilo para que cada uno cree su propia oración visual o escrita. La idea es que cada uno pueda encontrar una forma personal de comunicarse con Dios, fortaleciendo su relación espiritual de manera artística y significativa. La actividad puede cerrarse con una demostración o presentación para compartir lo trabajado, promoviendo la creatividad y la introspección en un contexto de fe.

IDEAS

para recreaciones con propósito

34. ELIGE LOS JUEGOS CON SABIDURÍA

Cada edad es diferente y definitivamente están buscando y necesitando experiencias diferentes, por eso te animamos a que elijas los juegos y los momentos con intencionalidad, según el objetivo del campamento y la edad de los acampantes. Por ejemplo, si son niños, planifica juegos cortos, motrices y claros con explicaciones sencillas y directas.

35. ¿CÓMO EXPLICAR UN JUEGO?

- Ubica a los grupos en el lugar correcto antes de empezar
- Usa un tono de voz adecuado, transmitiendo entusiasmo y siendo dinámico en tus palabras
- Explica con las palabras, pero también con ejemplos visuales y demostraciones (puedes pedir ayuda a integrantes del equipo que lo hagan)

- Ensaya la explicación previamente, prueba con el equipo; no improvises, porque las posibilidades de explicar con poca claridad el juego aumenta la posibilidad de que no tenga éxito
- Una vez comenzado el juego es muy difícil realizar modificaciones, por eso asegúrate de explicarlo y mostrarlo con claridad
- En caso de que sea necesario modificar algo, frena el juego, haz el cambio y reinícialo

36. DIRIGE LOS JUEGOS CON ENTUSIASMO

El entusiasmo el fundamental a la hora de jugar, por eso quienes dirigen el juego deben ser los primeros en mantenerlo. ¡No dejen de alentar y motivar al grupo!

Generar un ambiente agradable es responsabilidad de todo el equipo, pero sobre todo de los directores del juego. No fomenten la trampa y dirijan el juego de forma imparcial, y no se burlen de forma sistemática de nadie, ni del equipo, ni de los acampantes, ¡y cuidado con las palabras que usan! No olviden generar cierto filtro al hablar y cuiden la elección de palabras, no olvidemos que estamos siendo ejemplo en todo lo que hacemos.

37. TEN EN CUENTA LAS INTELIGENCIAS MÚLTIPLES

A todos nos gusta poder lucirnos en algo, por eso te animamos a pensar una recreación que permita que todos tengan un momento para desarrollar sus habilidades en el grupo. Contempla juegos con destrezas físicas, juegos de observación, de pensamiento lógico o lateral, de memoria, de equipo, deportivos, etc. Esto no solo da innovación, sino que permite que todas las inteligencias y/o habilidades puedan ser útiles durante las actividades propuestas en el campamento.

38. PLANIFICA JUEGOS VIVENCIALES

Llamamos así a los juegos que tienen como objetivo general una experiencia inmersiva, en donde los participantes asumen roles, se genera una buena ambientación y se utiliza el elemento sorpresa para que —ya sea de forma individual o en equipo— los chicos vivan en el juego aprovechándolo al máximo.

Te sugerimos incluir al final del juego (o en algún momento del día) un espacio para compartir la experiencia del mismo, analizar lo que podemos aprender y reflexionar sobre algún punto clave que pueda aportarnos una enseñanza.

Te dejamos algunas sugerencias sobre formatos que puedes usar y juegos a realizar; para más ideas, puedes buscar otro libro de esta serie llamado **100 ideas para realizar grandes juegos.**

39. USA ACTIVIDADES DE DESARROLLO INDIVIDUAL

Son juegos donde se desarrolla una situación y cada participante interactúa con el lugar y la historia de manera individual, y en otro momento con la posibilidad de asociarse con otros. Esta estructura puede replicarse con diferentes historias y/o contextos; en este caso, lo ejemplificaremos con un juego en una ciudad.

Juego: Elige tu propia historia

Descripción del juego: durante una hora (es un tiempo aproximado, realiza los ajustes necesarios según el grupo) debemos preparar el salón o lugar como si fuera una gran ciudad. Vamos a explicarle al grupo que van a tener la oportunidad de construir su propio camino, enfrentando desafíos y tomando decisiones que influirán en su riqueza final. El objetivo: obtener la mayor cantidad de dinero posible al terminar. Pero cuidado, porque cada elección puede

traerte ganancias o pérdidas, ¡así que piensa bien antes de actuar!

Categorías principales:

- ***Universidad:*** a través de tu elección vas a poder acceder a trabajos que puedan generarte ingresos durante el juego, y deberás superar al menos un desafío específico para cada carrera.
- ***Bolsa de trabajo:*** con o sin carrera, los participantes pueden acceder al área de trabajo donde encontrarán oportunidades laborales, algunas con requisitos (por ejemplo: ser abogado) o sin ningún tipo de requisito. Cada oportunidad será temporal y generará un ingreso para poder avanzar en el juego.
- ***Banco (inversiones y préstamos):*** en esta categoría podrás realizar inversiones para aumentar tus fondos futuros, pero recuerda que también puedes perderlo todo si las inversiones no resultan como esperabas. Además, puedes optar por tomar préstamos para financiar tus decisiones o inversiones. Al final de juego, todo cuenta.

- ***Propiedades e inmuebles:*** los jugadores pueden invertir en bienes raíces, comprando terrenos, casas o departamentos. Esta categoría incluye desafíos relacionados con la valoración de propiedades, así como la posibilidad de alquilar o vender para obtener ganancias o afrontar pérdidas por fluctuaciones del mercado inmobiliario. Es una oportunidad para diversificar las inversiones y aumentar la riqueza a largo plazo.
- ***Vida personal:*** en esta categoría, los jugadores podrán acceder a actividades divertidas o darse gustos personales como algo para tomar o comer, obviamente a cambio de un pago.

Dinámica y reglas rápidas:

- Cada participante tendrá 1 hora para decidir su camino, moviéndose entre las categorías, enfrentándose a desafíos y tomando decisiones estratégicas
- Las decisiones deben tomarse en tiempo real, reflexionando sobre las posibles consecuencias antes de actuar

- Al final, se compararán las cuentas de cada jugador para determinar quién logró la mayor riqueza

¡Prepárate para una experiencia única donde tus decisiones definen tu historia! ¿Estás listo para crear tu destino y ganar la mayor cantidad de dinero en solo 60 minutos?

40. LA GRAN KERMESSE

Descripción general: La *kermesse* será un evento vibrante y lleno de energía diseñado para que los adolescentes disfruten, socialicen y compitan en juegos creativos. Los participantes ganarán *tickets* o créditos en cada juego, que al final de la actividad podrán canjear por premios. La finalidad es promover la diversión, el trabajo en equipo, la coordinación y la creatividad, asegurando una experiencia memorable para todos.

¿Qué necesito?

- Espacio adecuado: un área amplia y segura, con zonas delimitadas para cada juego
- Materiales y accesorios:

a. Pinzas, pelotas, aros, sogas, baldes, conos, papeles y carteles, objetos para los desafíos
b. Objetos para premios (medallas, chocolates, artículos varios)
c. Tickets o créditos (pueden ser fichas, papelitos o *stickers*)
d. Decoraciones temáticas para ambientar la *kermesse* y hacerla colorida y atractiva

- Equipo: encargados para cada juego, responsables de las reglas, premios y control de *tickets*
- Premios: surtido de premios para canjear por *tickets* o créditos
- Sistema de puntuación y distribución de *tickets*: un método claro y visible para que los participantes sepan cuánto ganan en cada juego

Juegos propuestos (al menos 8):

- **Lanzamiento de aros:** lanza aros para encajarlos en conos o botellas. Ganas *tickets* si aciertas en ciertos niveles o cantidades

- **Carrera en parejas:** cásico y divertido, donde los adolescentes corren de a dos por un recorrido donde al terminar según el tiempo que les tomó determinamos el premio a recibir

- **Pirámide humana:** deben reunir un grupo y realizar una pirámide humana acorde al grupo. Al terminar todo, reciben un premio según cómo haya sido el desempeño y la construcción.
- **Tiro al blanco con pelotas:** apunta con pelotas a diferentes objetivos (blancos, latas apiladas). Cuanto más tires, más *tickets*.
- **Atrapa la pelota:** los participantes deben atrapar pelotas lanzadas desde diferentes alturas. Cuantas más atrapen, más *tickets*.
- **Carrera con baldes de agua:** transportar agua en un balde sin que se caiga puede parecer fácil, pero no siempre lo es. El equipo que logre más agua en un tiempo obtiene premio adicional.
- **Desafío de equilibrio:** caminar sobre una cuerda o una viga de equilibrio. Suman *tickets* según la cantidad de pasos sin caerse.

Regla del evento:

- Sistema de *tickets*: todos comienzan con cero, y ganan *tickets* en los juegos según su desempeño. La cantidad final determinará el canje por premios.
- Tiempo límite: la *kermesse* tendrá un tiempo definido (por ejemplo, una hora). Los juegos cierran una vez finalizado ese período.

- Participación en todos los juegos: cada participante puede participar en tantos juegos como desee, pero solo puede ganar *tickets* en un número limitado de intentos por juego (por ejemplo, 3 intentos por juego).

¿Qué más considerar?

- Música y ambientación: para crear un ambiente festivo y energizante
- Áreas de descanso: para que los adolescentes puedan relajarse entre juegos
- Fotografía: estaciones para tomar fotos y recordar el evento

41 BÚSQUEDA DEL TESORO BÍBLICA

Una actividad de aventura en la que los participantes deben encontrar pistas relacionadas con historias y personajes bíblicos. Se pueden esconder objetos o pistas en diferentes áreas del campamento, cada una con enigmas o preguntas que obliguen a los equipos a recordar versículos, enseñanzas o historias bíblicas para avanzar. Incluye desafíos físicos y mentales, promoviendo trabajo en equipo,

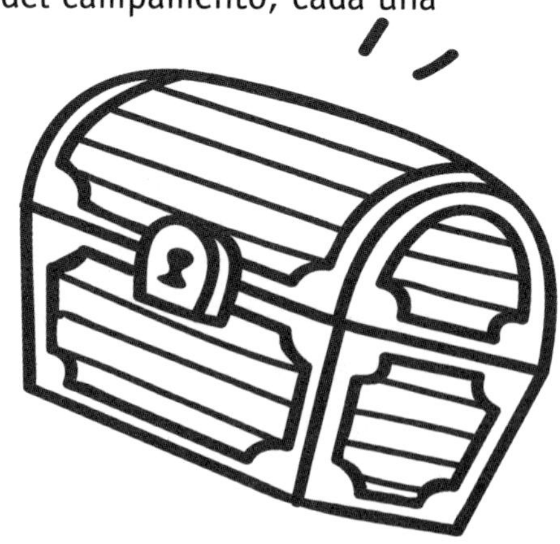

aprendizaje y diversión. Al concluir, pueden ofrecerse premios simbólicos y una reflexión sobre las enseñanzas encontradas.

42. JUEGOS NOCTURNOS

Organizar un juego nocturno en un campamento tiene múltiples beneficios para quienes participan. La atmósfera de la noche, con su aire de misterio y emoción, convierte cualquier dinámica en una experiencia inolvidable, distinta a las actividades diurnas. Los adolescentes suelen entusiasmarse especialmente con los juegos nocturnos porque invitan a la aventura, despiertan la imaginación y fomentan el trabajo en equipo, ya que la oscuridad exige que las personas colaboren, se comuniquen más y presten especial atención a su entorno. Además, estos juegos pueden ser una oportunidad para reforzar la confianza entre los equipos y desafiar a las personas a desarrollar habilidades de liderazgo, observación y resolución de problemas.

Sin embargo, para que la experiencia sea segura, divertida y provechosa, es fundamental considerar varios aspectos. Es importante delimitar claramente las áreas donde se desarrollará la actividad y asegurarse de que sean seguras y libres de obstáculos peligrosos. Conviene que quienes organizan cuenten con linternas o luces portátiles y tengan un plan para emergencias; también es recomendable informar previamente las reglas y los límites, y asegurarse de que todas las personas sepan a quién acudir ante cualquier inconveniente. La ambientación, usando luces suaves, música adecuada o efectos de sonido, puede potenciar la experiencia, pero siempre cuidando que el entorno siga siendo seguro.

Por último, la intensidad y complejidad del juego debe adaptarse a la edad y características del grupo, priorizando el entretenimiento, el aprendizaje y el bienestar de todas las personas.

43. POR ESTACIONES

La recreación por estaciones es una metodología dinámica y versátil que convierte cualquier campamento o evento en una experiencia memorable y llena de aprendizajes. Consiste en dividir a las personas participantes en equipos pequeños que van rotando por diferentes estaciones, cada una con un reto, juego o actividad particular. Esta dinámica favorece la variedad, el movimiento y la participación, además de permitir que quienes asisten puedan experimentar varias propuestas en poco tiempo.

Para desarrollar una recreación por estaciones es fundamental planificar cuántas estaciones se tendrán y qué objetivo cumple cada una. Puedes elegir temáticas que se complementen (por ejemplo, habilidades físicas, destrezas mentales, creatividad, trabajo en equipo, etc.) o centrarte en un solo hilo conductor que atraviese todas las propuestas. Lo esencial es que cada estación esté bien definida, que cuente con el material necesario y que haya responsables o facilitadores en cada una para guiar, explicar reglas y animar la participación.

Un punto clave es considerar la edad de quienes participan, ya que la dificultad y el diseño de las estaciones deben adaptarse a su etapa de desarrollo. Para grupos de niñez pequeña, las actividades deben ser cortas, simples y visuales, preferentemente con material colorido y reglas sencillas. Hay que priorizar el movimiento, el juego colaborativo y evitar dinámicas de eliminación temprana para no desalentar a quienes participan.

44. JUEGOS DE INVESTIGACIÓN

Este tipo de juegos plantean misterios para resolver en forma de acertijos o en un proceso de investigación como equipo, donde a través de superar ciertos desafíos vamos accediendo a información o pistas para resolver el caso. Al igual que en los juegos de desarrollo individual, la historia o estructura del juego puede variar según lo deseen como equipo. Acá te dejamos un ejemplo:

Planificación del juego *Misterio en el campamento*

- Definir el tema y la narrativa: crear una historia interesante, con un motivo sin violencia ni temas sensibles, centrada en un misterio divertido y apto según la edad. Por ejemplo: Durante el campamento, un valioso objeto —una mochila de gran valor sentimental y material para el protagonista— desaparece misteriosamente. Todos los participantes están intrigados y preocupados. La responsabilidad de descubrir quién tomó el objeto, cómo y por qué, recae en los participantes, que deben investigar, juntar pistas y llegar a la verdad.
- Establecer roles y personajes: asignar personajes con una historia breve y un posible motivo para llegar a ser los culpables.

a. El director del campamento: se asegura de que todos estén seguros, conoce cada rincón del bosque y tiene una clave importante.
b. El cocinero: responsable y con buena memoria, sabe quién estuvo en qué lugar.
c. Acampante A: siempre ayuda y parece confiable.
d. Acampante B: nuevo en el campamento, un poco tímido.
e. Visitante: una figura que aparece en el campamento, con información útil pero que necesita ser abordado con respeto.

- Diseñar las pistas y recursos: preparar objetos, notas, pistas visuales o auditivas que puedan encontrar en diferentes locaciones del campamento. Puedes crear pistas falsas para mantener el juego desafiante, pero evita que sean confusas o que generen frustración.
- Definir los límites y reglas claras: explicar cómo se hacen las preguntas, cómo se registran las pistas y el proceso de acusación final. Establece un tiempo límite para la resolución.

a. Cada equipo recibe un cuaderno y un bolígrafo para anotar pistas y sospechas
b. Los moderadores facilitan las pistas y contestan preguntas, pero no revelan la solución
c. Solo con evidencia, los equipos pueden formular sospechas y hacer preguntas a personajes ficticios o actores que representan a los personajes
d. El equipo tiene un tiempo límite (por ejemplo, 60 minutos) para resolver quién, cómo y por qué tomó la mochila
e. La acusación final se realiza en privado, por lo que el equipo debe preparar sus argumentos

- Organización logística:
  a. Ubicaciones para esconder las pistas
  b. Materiales necesarios (tarjetas, notas, objetos, papel para anotar)
  c. Roles del equipo para el correcto funcionamiento del juego
- Camino de pistas y elementos a ofrecer en el juego

Posibles pistas:

a. Notas escritas o recibidas en diferentes lugares

b. Objetos que indiquen quién estuvo en cierto lugar o qué hizo

c. Fotografía, grabaciones, o pequeñas pruebas visuales o auditivas

d. Personajes que intervienen en la historia y dan pequeñas declaraciones o pistas

- Opciones extras:

a. Espacios de preguntas y respuestas entre los participantes

b. Pequeños desafíos que revelen información (por ejemplo, cantar una canción, resolver un pequeño desafío grupal)

- Pistas:

a. Pista 1: una nota encontrada cerca del lugar donde se guardaba la mochila que dice: «Al final del día, la verdad brillará». (responde a la pregunta: «¿Quién podría haber querido que la verdad saliera a la luz?»).

b. Pista 2: una sonrisa dibujada en una hoja de papel, junto con una huella de zapato pequeña, en la zona del campamento (indica quién estuvo en esa área, tal vez la persona que fue vista cerca en ese momento).

c. Pista 3: una pequeña palmada en la pared de la carpa del visitante misterioso, que dice: «Estoy aquí para ayudar, pero necesito tu confianza» (sugiere que el visitante tiene información importante).

d. Pista 4: una cuerda rota en la zona donde normalmente se guardan objetos del campamento, con una marca que parece una broma (una letra, símbolo, etc.).

45. EXPEDICIÓN SUPERVIVENCIA

Descripción: Es una actividad educativa diseñada para fortalecer el trabajo en equipo, la autoconfianza y los valores como la solidaridad, la fe y la perseverancia. Los participantes enfrentarán desafíos de supervivencia en un ambiente especialmente preparado y seguro que simula las condiciones de la naturaleza real, pero con supervisión y apoyo constante. A través de estos desafíos, aprenderán habilidades básicas como construir refugios, obtener comida, hacer fuego y resolver problemas en grupo, promoviendo una experiencia de aprendizaje activa, divertida y enriquecedora.

¿Qué tener en cuenta?

- Presentación del objetivo de la actividad y reglas básicas
- Explicación del ambiente y la importancia de trabajar en equipo
- Dividir los equipos y dar un *kit de supervivencia* con materiales básicos (sogas, toldos, linternas, mapas, etc.)
- Definir los desafíos principales (duración total aproximada: 90 minutos):
  a. *Construcción de refugios:* los equipos deben diseñar y construir un refugio funcional usando los materiales proporcionados
  b. *Búsqueda y obtención de comida:* juego de pistas o desafíos que involucran encontrar comida (pueden ser frutas, nueces o alimentos simulados escondidos en el área). Alternativamente, se puede agregar un

desafío de «ganar un juego» para obtener un recurso alimenticio adicional.

c. *Encendido y manejo del fuego:* los equipos deben aprender conceptos básicos de seguridad y encender un fuego (seguro, con supervisión) para cocinar o calentar alimentos

Sugerencias para adaptar a diferentes edades

Niños y preadolescentes:

- Limitar la duración de los desafíos
- Incorporar más elementos visuales y juegos sencillos
- Supervisión constante y apoyo más directo
- Enfatizar el trabajo en equipo

Adolescentes y jóvenes:

- Introducir un poco más de complejidad en los desafíos y juegos con un poco más de estrategia, pero siempre supervisados
- Fomentar liderazgo dentro del grupo, incorporando planificación y reflexión
- Promover debates y reflexiones sobre decisiones y valores

JUEGOS COOPERATIVOS

46. El MURO

El objetivo de este juego es fomentar la creatividad y la colaboración del grupo. Se establece en un sector un muro con una soga o tela que se tenga disponible, y se le pide al grupo que en 3 minutos todos crucen al otro lado del muro, pero con dos consignas: solo se puede cruzar por encima, y quien cruza ya no puede volver.

La propuesta genera cooperación, creatividad y apoyo en equipo para lograr el objetivo.

47. TIRO Al BlANCO COOPERATIVO

Precisamos un palo de unos 90 cm para cada participante, excepto para quien va a ir al centro de la ronda (pueden ser palos de escoba o ramas rectas). El objetivo de este juego es que el participante del medio intente atrapar en el aire los palos que le lanzarán sus compañeros, por lo que para comenzar deberán seleccionar quién irá al medio, y los demás formarán una ronda mientras reparten los palos.

El palo debe ser lanzado de forma vertical para evitar golpes, y debe ser atrapado por el compañero del medio. En caso de que no lo agarre, el lanzador va al medio. El juego termina cuando un grupo lograr dejar todos los palos en el centro.

JUEGOS PARA DÍAS DE LLUVIA

48. ARTE EN LA OSCURIDAD

El objetivo de este juego es que los participantes traten de dibujar en la oscuridad la palabra que les tocó, para que, cuando se enciendan las luces, su grupo trate de adivinar lo que cada participante dibujó. Esto puede lograrse apagando las luces o vendando los ojos del participante, según las posibilidades del salón.

Se forman equipos de no más de 5 personas, y de a uno por vez toman un papel donde encontrarán la palabra a dibujar (animal, elemento, etc.). A quien le toque su torno lo leerá en silencio y luego, sin poder ver con claridad, intentará dibujarlo durante treinta segundos. Al terminar el tiempo, se prenden las luces y el equipo intentará adivinar qué fue lo que dibujó, y el equipo que más adivine será el ganador.

49. HOCKEY CON ESCOBAS

Si dispones de un salón de tamaño mediano o grande, este juego puede ser un éxito para un día lluvioso. Solo necesitas mesas, sillas, escobas y una pelota.

Con las reglas básicas del hockey, realizarás duelos con arcos pequeños donde intentarán hacer mas goles que el otro equipo. Pueden pasar de una, dos o hasta tres personas dependiendo el tamaño del lugar y la cantidad de escobas disponibles.

50. ¿QUIÉN ENTIENDE?

El juego tiene la dinámica típica del «dígalo con mímica», donde alguien elige una película y debemos hacer mímicas hasta que el equipo adivine, pero le vamos a agregar algunas cosas extras.

Primero, vamos a tomar una carta de qué es lo que te toca hacer, y las opciones son: *mímicas, tarareo* o *dibujo*. Luego de tomar la carta donde se te asigna tu forma de comunicar, te van a asignar una película o historia bíblica para representar con mímica, una canción para tararear o un objeto o situación para dibujar. Tu equipo tendrá un minuto para adivinar, y si no lo hace, pasará al siguiente grupo.

¡Vamos! Rompe con la vergüenza y hazte entender con tus amigos.

51. BUSCA LOS TUYOS

El propósito de esta actividad es que los participantes puedan encontrar su propio par de zapatos en medio del montón, ¡pero con los ojos vendados!

Primero, todo el grupo se quitará los zapatos y los dejarán en el centro del salón; luego, todos se vendan los ojos mientras alguien mezcla los zapatos unos con otros, y al dar la orden, el grupo se acerca al centro intentando encontrar sus zapatos y colocárselos nuevamente.

52. MAMÁ O PAPÁ GALLINA

Para este juego solo necesitamos una venda para tapar los ojos del papá o mamá que va a intentar encontrar a sus pollitos a través de sus *pío, pío* o sonido que emitan.

Primero, se elige alguien del grupo que pasará al centro y se le vendarán los ojos; luego, el resto del grupo (lo ideal es no ser más de 10 por grupo) forma una ronda y comienza a girar hasta que la persona que está en centro dice «¡Alto!», momento en que todos frenarán, y la persona se acercará a alguien pidiendo que haga *pío, pío*. Luego de escucharlo, debe intentar adivinar quién es la persona que lo está haciendo. Si lo hace, cambian de roles, y si no logra adivinar vuelve a intentarlo una vez más.

Este juego también es ideal para aprender los nombres y formar amistades.

53. AMONTONADOS

El objetivo de este juego es estar sentados en el suelo haciendo una ronda y pasar rápidamente los objetos que recibimos para evitar recibir dos al mismo tiempo. Podemos comenzar el juego con uno o dos objetos e ir aumentando el número según la cantidad de participantes.

La premisa es simple: los objetos no pueden quedarse quietos, y nadie puede tener más de un objeto a la vez. Puede hacerlo todo el grupo o en una competencia por equipos, y en caso de que sea por equipos, el que más objetos logre mantener girando ganará el desafío.

IDEAS

para crear ambientes impactantes

54. AMBIENTA CON INTENCIONALIDAD

Probablemente el campamento tenga un lugar que sea el salón principal, por lo que es muy recomendable que durante el tiempo de campamento ese lugar esté decorado y preparado con intencionalidad. Podemos dar fe de que muchos se sienten amados por el equipo cuando ven que se pensó en ellos hasta para decorar el lugar.

Ahora, además de dedicación y sorpresa, te animamos a darle intencionalidad. Puedes colocar el versículo clave a la vista de todos, carteles con preguntas y disparadores de la temática elegida, o incluso que todo tenga una estética coherente a lo que se está hablando y haciendo de manera transversal.
Por ejemplo, si hablamos de la importancia de las amistades podemos ambientar todo como una isla, y poner un cartel que diga «No te aísles».

55. SORPRENDE EN LAS HABITACIONES

Las habitaciones o carpas también puede ser una posibilidad de sorprender: ya sea una golosina, un versículo o un pequeño mensaje de aliento que puedan encontrar antes de ir a dormir puede ser un gran gesto que haga sentir valioso a cada acampante, al ver que el equipo pensó en todos los detalles.

56. REGALA UN SOUVENIR PARA TODO EL CAMPA

Otra manera de generar un ambiente es regalar un *souvenir* que quede de recuerdo del campa. Un gorrito, un llavero, incluso *stickers,* pueden ayudar a generar identidad, conexión y sorpresa dentro y después del campamento.

57. COMAN RICO

Cuando vamos a una fiesta estamos atentos a muchos detalles, pero con el tiempo todos recordamos en qué lugar comimos mal o poco y dónde comimos bien y rico. Créelo: el dicho «panza llena, corazón contento» tiene bastante sentido. Es clave que podamos velar por que se coma rico y en cantidades suficientes.

Con esto no estamos diciendo que debe ser costoso, sino rico, que sea algo que se disfrute y que los chicos se sientan agasajados también a la hora de comer.

58. COMAN CREATIVO

No solo te animamos a que coman rico, sino a que coman con creatividad, que piensen algún detalle que destaque, que innoven en la presentación o en la propuesta (dependiendo tu país o región esto puede variar). Quizás pueden sumarle algo inesperado a una comida típica, innovar mezclando ingredientes o sumar un plato rico que suelen incluir en sus campamentos.

59. CONSIGNAS QUE DUREN TODO El CAMPAMENTO

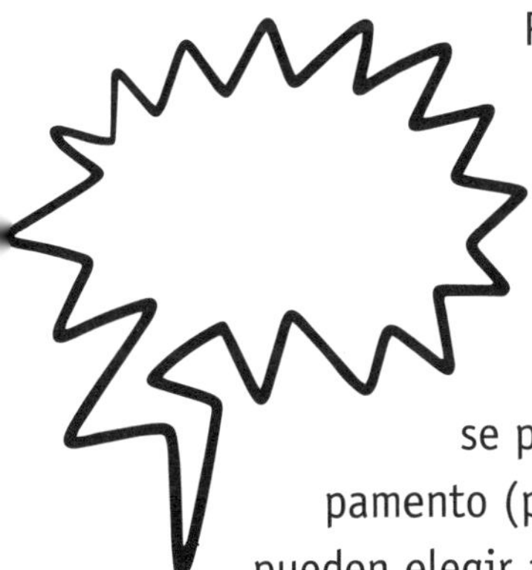

Para hacer de tu campamento algo memorable, es necesario generar propuestas innovadores y que hagan del campa algo único. Por ejemplo, el juego de la palabra prohibida, donde una palabra no se puede decir más en todo el campamento (puede ser *sí*, *no* o *qué*), o también pueden elegir alguna canción con la que —cada vez que suene de manera imprevista— todos deban hacer algún tipo de baile especial.

60. CONVIERTE EL CAMPAMENTO EN UN RESTAURANTE TEMÁTICO

No solo podemos ambientar un juego, sino que también una comida: puede ser con la temática del campamento o simplemente con alguna temática que parezca divertida. Por ejemplo, si un día comen hamburguesas, pueden ambientar el lugar y repartir la comida simulando un restaurante de comida rápida.

61. HAZ QUE LA COMIDA SEA PARTE DE ALGÚN JUEGO O ACTIVIDAD

Si tu equipo está pensando preparar un juego largo, pueden incluir dentro del plan un tiempo para comer donde la comida y la ambientación sigan como «dentro» del juego. Por ejemplo, si el juego es de piratas que navegan por el océano, que de repente el capitán proponga una pausa y los marineros traigan la comida antes de seguir con el resto del juego.

IDEAS

para aprovechar la naturaleza

62. CAMINATA NOCTURNA

Esta idea va muy bien con niños y preadolescentes, aunque también puede funcionar con adolescentes y jóvenes si se le da un enfoque acorde a la edad. Básicamente consiste en salir durante una noche despejada a observar el cielo y escuchar los ruidos de la naturaleza (podemos incluir linternas y en diferentes momentos apagarlas para solo estar iluminados por las estrellas).

En caso de hacerlo con niños, es muy bueno darle un tono de humor, incluso se pueden incluir algunas canciones mientras se da la caminata. Por otro lado, a medida que va subiendo de edad se puede darle un tono más introspectivo y reflexivo a la experiencia.

63. HAGAN UN FOGÓN

Esta es una idea común en los campamentos, pero por lo

general solo se usa para las últimas noches y para generar una reflexión. ¿Sabías que la experiencia de realizar un fogón tiene mucho más potencial?

En primer lugar, te sugerimos que involucres al grupo en la preparación. ¡Busquen leña juntos! No importa si son 100 o 10 acampantes, la experiencia de salir a caminar, aprender a elegir la leña correcta, recolectar y transportar hacia el lugar donde se hará el fogón será una experiencia divertida e inolvidable al ser intencionales en eso. En esa caminata se pueden formar amistades, tener charlas profundas y divertirse.

En segundo lugar, puedes enseñar distintas maneras de realizar el fogón: cómo apilar la leña, qué tener en cuenta para la seguridad o cómo generar una base de hojas y ramas pequeñas antes de poner las ramas más

grandes puede ser una explicación útil y novedosa para la mayoría de los acampantes.

En tercer lugar, te animamos a ser creativo en cómo encenderlo y qué dinámica plantear durante el tiempo de fogón; puede que sea muy bueno usarlo como un tiempo de reflexión, pero te aseguramos que también funciona como un tiempo muy divertido donde realizar juegos, cantar canciones y generar un tiempo divertido y memorable alrededor del fuego.

64. REY PIDE

Este juego es simple de hacer, pero si somos creativos puede ser una experiencia muy divertida. Según el número de acampantes, debemos formar al menos dos equipos (te recomendamos que no sean más de 12 por grupo); luego, el «rey» enviará un listado de 10 a 20 pedidos que tiene para el pueblo, y a partir de ese momento comienza a correr el tiempo para que cada grupo consiga todo lo que el rey pidió. ¿Qué cosas se pueden pedir?

Ejemplos:

- 4 tipos de hojas diferentes

- 5 ramas de diferentes tamaños
- Una flor
- Una foto de todos saltando
- 10 piedras diferentes
- Leña para un fogón
- Construir un refugio y sacarse una foto dentro

El primer equipo que logre completar el listado recibirá un premio.

Exploten su creatividad y disfruten con estas opciones (o muchas más que se les pueden ocurrir) una experiencia espectacular jugando *Rey pide* en la naturaleza.

65. EXPLOREN

Si el campamento se desarrolla en un lugar que tiene distintos sectores que podamos explorar, entonces no dejemos de hacerlo. Esta idea funciona muy bien con los niños y preadolescentes, y en caso de elegirla para las edades más grandes debemos contemplar un desafío acorde a la edad.

Básicamente, se trata de tomar un tiempo para caminar y recorrer sectores que no son cercanos a la zona del campamento; entonces, si tenemos un bosque, un arroyo, un río o un monte podemos aprovechar para generar una caminata donde podamos conocer nuevos paisajes, descubrir la naturaleza y proponer una actividad que evidentemente no podemos desarrollar en la ciudad.

66. ARMAR REFUGIO

Aquí tienes una guía paso a paso para armar un refugio con un grupo de niños, promoviendo la colaboración, la creatividad y la seguridad:

- *Planificación y seguridad:* es fundamental evaluar que el lugar elegido sea seguro, planificando el grupo y definiendo adultos que acompañarán la actividad
- *Recolección de materiales:* luego, recolectamos los materiales que necesitamos como ramas, hojas, piedras, palos, cuerdas, telas, bolsas plásticas, etc. Animemos a que sean creativos con lo que se puede usar.

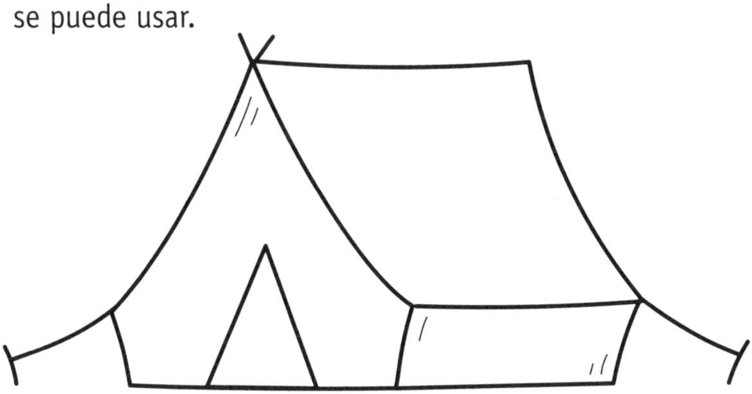

- *Diseño y construcción del refugio:* podemos animar a que alguien dibuje un esquema del refugio que pensaron antes de construirlo para que luego se organicen y todos participen del proceso de construcción. Debemos evitar que se vuelva algo que solo hace un grupo y el resto mira, o incluso algo que hacen los adultos mientras todos miran.

Comiencen a montar las estructuras usando las ramas, cuerdas, telas y otros materiales disponibles, y animen a los niños a decorar y personalizar su refugio, agregando detalles que hagan que todos se sientan parte del proceso.

Al terminar, revisen junto con los niños la estabilidad y funcionalidad del refugio y realicen ajustes si es necesario, promoviendo la resolución creativa de problemas.

67. CARRERA DE OBSTÁCULOS ACUÁTICOS

Crea un circuito con obstáculos en una piscina o en una zona con charcos donde los niños tengan que saltar, atravesar tubos, caminar sobre tablas o nadar. Cada participante realiza el recorrido y pasa el turno al siguiente, fomentando la cooperación y la actividad física.

68. CARRERA DE ESPONJAS MOJADAS

En parejas, los niños llenan una esponja con agua y corren de un punto a otro, aprietan la esponja para transferir el agua a un recipiente y luego vuelven corriendo a pasársela a su compañero para que nuevamente pueda llenarla. Gana el equipo que más agua transfiera en un tiempo determinado.

69. ESCULTORES DE BARRO

Cada niño o grupo crea figuras o esculturas con barro. Se puede dar un tema específico (animales, personas, objetos) y luego hacer una exposición, promoviendo la creatividad y el trabajo en equipo.

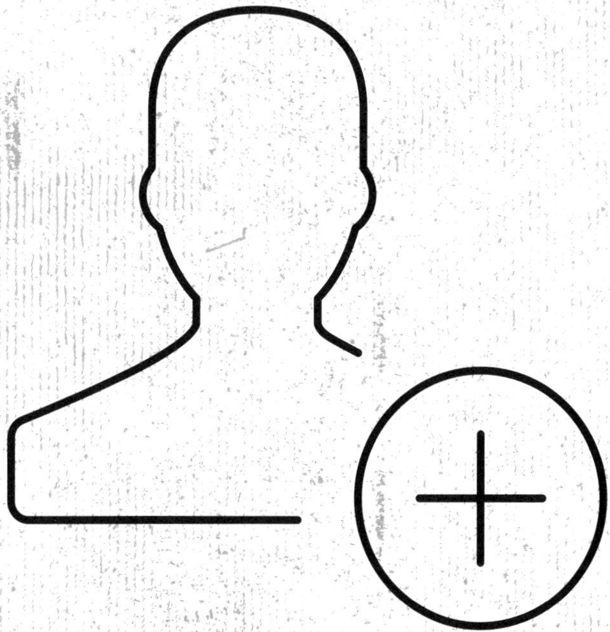

IDEAS

para reclutar voluntarios

70. NO ES PARA SIEMPRE

Cuando convoques a un equipo para el campamento deja bien en claro que el compromiso es por un solo campamento. ¿Por qué tener en cuenta esto?

- Para que nadie se sienta abrumado con hacer esta tarea para todos los campamentos del futuro; esto les da tranquilidad y les permite animarse a asumir riesgos sabiendo que son temporales
- Los incluye en una cultura donde las personas generan renovación y recambio cuando es necesario dar lugar a nuevas personas

71. ABRE UNA CONVOCATORIA CLARA Y DIRECTA

No hagas una convocatoria misteriosa, sé claro y directo a toda la iglesia respecto a las necesidades, el tipo de persona y la tarea para los que estás buscando un equipo.

72. COMUNICA CON CLARIDAD LAS EXPECTATIVAS CUANTO ANTES

No tengas temor de crear una pequeña hoja de contrato de voluntariado especificando las expectativas de tiempo, conducta y compromiso esperados para las personas que sean parte del equipo. Esto ayudará a ser explícito en lo que se espera y a cuidar al equipo para que todos estén con las motivaciones correctas.

73. GENERA CONEXIONES

Para mantener el ánimo es clave que vaya creciendo el espíritu de equipo, y para eso es fundamental que cada persona pueda ir conectando con los demás. Como líderes, es clave ser facilitador para que esto suceda.

Genera conversaciones, encuentros divertidos y momentos de conexión más allá de la planificación del campamento para que puedan conectar a un nivel más personal y eso los vuelva un equipo más fuerte.

74. SEGÚN EL TALENTO, LA TAREA

Cada persona cuenta con dones y talentos diferentes, y cuando estás en el proceso de selección debes tomar en cuenta cuáles son sus fortalezas y sus debilidades. Vas a descubrir que hay personas excelentes y que pueden hacer muchísimas cosas, pero es clave encontrarles incluso a ellos el mejor lugar dentro del equipo.

Para eso, te recomendamos preguntar de antemano acerca de sus habilidades y también mostrarles una lista de las tareas que hay en el campamento, para que ellos puedan marcar en cuáles estarían dispuestos a servir y ser parte, de manera que nadie se podrá sorprender si luego es convocado para algunas de esas tareas.

75. DELEGA TAREAS, PERO TAMBIÉN ENTREGA CONFIANZA

Aprender a trabajar en equipo es el arte de los mejores líderes y es vital para no sobrecargarte con el ministerio mientras proteges tu salud espiritual. Un error muy común como líderes es que delegamos tareas en lugar de delegar autoridad y confianza para realizar la tarea esperada.

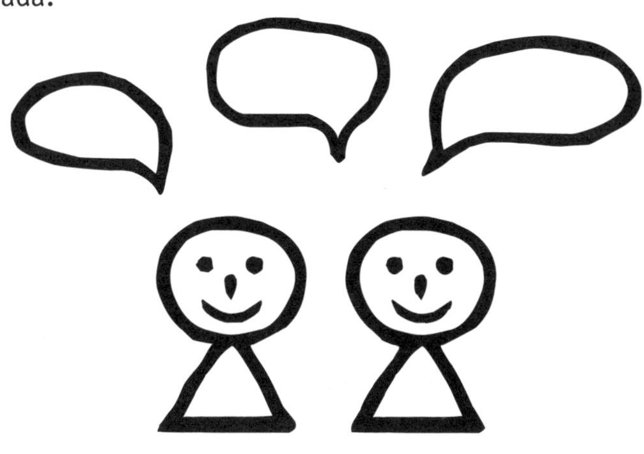

En principiantes es recomendable definir con claridad la tarea, sin embargo, en voluntarios con más experiencia es bueno comenzar a delegar autoridad y confianza para realizar la tarea esperada con libertad incluso con riesgo de equivocarse, para luego ser corregidos con amor y buscar mejores resultados.

Dar confianza permite que los voluntarios alcancen resultados con sus ideas y no que solo hagan realidad las tuyas.

76. DAR FEEDBACK GRUPAL

Al concluir la actividad te animamos a tener una *reunión poscampamento* para celebrar con el equipo, evaluar qué fue bueno y qué no, pero además como líderes es muy bueno tener margen para dar una devolución repasando testimonios de los acampantes, logros significativos y detalles que llamaron tu atención para bien (te recomendamos que esto último sea a nivel grupal, y en caso de que sea necesario, a nivel personal).

77. ANIMA A CONTINUAR EN EL MINISTERIO A LOS QUE TENGAN POTENCIAL

Si lograste sumar nuevos voluntarios que no eran parte de tu ministerio pero que decidieron involucrarse en el equipo del campamento, es fundamental que tengas los ojos bien abiertos para detectar quiénes tienen un deseo de crecer, una buena actitud y carácter de trabajo y potencial para crecer.

Al reconocer a esas personas, te recomendamos que puedas extenderles una invitación a involucrarse en el ministerio en alguna tarea que vaya más allá del campamento; de esta manera, podrás aprovechar los campamentos para reclutar más y mejores voluntarios.

IDEAS

para fomentar el trabajo en equipo

78. HAZ REUNIONES DE EQUIPO

Parece obvio, pero no lo es. Un campamento memorable no se logra por el esfuerzo de una sola persona. En realidad, casi nada que pueda ser memorable se logra por el esfuerzo de una persona nada más, y es por eso que necesitamos convocar y formar un equipo. Para eso, es fundamental definir tareas, buscar voluntarios que puedan ocuparse del tema y reunirse al menos dos o tres veces antes del campamento para conversar, definir cuestiones importantes y llegar al campamento en un mismo sentir.

79. COMUNICA EL OBJETIVO DEL CAMPAMENTO CON CLARIDAD

Un equipo se forma cuando un grupo de personas se reúne con un objetivo en común. Frente a eso, es fundamental tener el objetivo bien definido de qué esperamos del campamento que tenemos por delante. Definir esto nos va a ayudar a generar unidad en visión, definir tareas y enfocar los esfuerzos de manera eficiente.

Es responsabilidad del líder y/o equipo ministerial definir este objetivo, comunicarlo con claridad y recordarlo una y otra vez en la previa y durante el campamento para mantener al equipo enfocado.

80. DEFINE LA CULTURA DEL EQUIPO

Definir algunos valores importantes que esperamos del equipo va a ayudarnos a construir una cultura de trabajo que nos permita alcanzar los objetivos de la manera correcta. Probablemente el equipo que se convoque tenga distintas maneras de hacer algunas cosas, por eso es clave definir los puntos innegociables del trabajo en equipo que esperamos que se vivan y se cumplan para lograr un campamento memorable.

81. DEFINE UNO O DOS DIRECTORES

Es muy importante definir quiénes nos van a liderar durante los días que dure el campamento. Si somos parte de un equipo ministerial y en ese equipo somos 5 personas, debemos definir quiénes van a ser los directores durante esos dos o tres días que dure el campamento: no podemos dirigir todos al mismo tiempo, ya que el campamento presenta momentos donde hay que decidir horarios, comidas o acciones, y es fundamental que esté claro el circuito de toma de decisiones para ser eficientes y prácticos para llevar a cabo todo lo planeado.

82. PREPARA GRUPOS PARA CADA TAREA

Como dijimos al comienzo, nadie logra un campamento memorable trabajando solo: necesitamos un equipo, y dentro de ese equipo necesitamos roles para lograr lo que deseamos. Probablemente necesites un equipo de cocina, recreación y alabanza, pero te animamos a contar con un equipo «periférico». ¿Qué quiere decir eso? Un grupo de personas que estén a disposición para hacer distintas cosas, según la necesidad que se presente.

Entonces, la recreación necesita llevar mesas y sillas de un lugar a otro, necesitamos poner la mesa, acompañar un grupo de chicos o preparar el salón, y es ahí donde viene el *equipo periférico* al rescate.

Puedes llamar a este grupo como desees: *manos, logística, cómplices,* o lo que encaje mejor con tu grupo.

83. FORMA LOS EQUIPOS DE MANERA ESTRATÉGICA

Los campamentos memorables son una gran oportunidad para generar impacto en los acampantes, aunque también son una oportunidad para involucrar nuevos voluntarios en el ministerio: por ejemplo, involucramos algunos jóvenes con potencial en el campamento de adolescentes, y eventualmente podemos sumarlos a nuestro equipo en el futuro de manera regular.

Frente a esa posibilidad, te animamos a que seas estratégico en la conformación del equipo, combinando personas con experiencia con los voluntarios nuevos, para que justamente los experimentados puedan guiar y compartir su experiencia con los nuevos.

84. DEDICA UN TIEMPO CADA DÍA A REUNIRSE COMO EQUIPO

Te proponemos que como equipo puedan dedicar, al menos, un momento al día para reunirse, orar por el campamento, repasar cuestiones importantes y ser inspirados en la tarea que están cumpliendo. Creemos que lo más practico es hacerlo durante la mañana, haciendo que el equipo se levante una hora antes, pero eso puedes ajustarlo a tu circunstancia.

En este tiempo puede ser muy bueno compartir una reflexión acerca del servicio, orar juntos y repasar las cosas más importantes de lo que queda por delante.

85. CUBRE EL CAMPAMENTO CON ORACIÓN ANTES Y DURANTE EL MISMO

Cubrir el campamento en oración es esencial, por lo que te animamos a que en las reuniones previas oren por el campamento e involucren al resto de la iglesia orando también en la previa.

Durante el campamento te proponemos que puedas hacer que cada equipo frene e interceda por el campamento en algún momento del día; de esa manera, logramos cubrir en oración cada área y momento el día, lo que ayuda a mantener el enfoque y fortalecer la unidad del equipo.

86. MIMOS

En esta idea te proponemos que alguien del equipo tenga la tarea de preparar «mimos» o pequeñas atenciones para todos lo que están sirviendo. Puede ser una golosina al terminar el día, una tarjeta de ánimo al levantarse o algún pequeño gesto donde muestre el valor y anime al equipo en medio del cansancio acumulado o desgaste que puede generar el campamento.

Un campamento memorable precisa de un equipo fresco y con energía, por lo que es importante estar atentos a que el equipo esté bien y cómodo para seguir.

87. TU VALE DE DESCANSO

Sabemos que un campamento puede ser muy desgastante cuando no estamos acostumbrados a eso, y también puede variar según la edad, energía del equipo y duración del campamento. Teniendo en cuenta todo eso, una idea es poder darle un *vale de descanso* a todo el equipo para usar en algún momento del campamento. ¿Qué quiere decir eso? Que tienen permitido elegir un momento para usar el vale y poder dormir una siesta corta, descansar de su tarea actual o simplemente tomar un momento para ir a caminar y renovar energías.

Esta idea puede permitirte mantener al equipo fresco y animado hasta el final del campamento. ¡Lo único que debes contemplar es que no todo el equipo se lo tome al mismo tiempo!

88. BALANCEA Y DEFINE LAS TAREAS

Definir las tareas y pensar estratégicamente cómo distribuirlas es esencial para aprovechar todo el equipo y que no suceda que unos pocos hagan mucho, sino que todos hagan según su capacidad sin perder de vista el objetivo central del campamento.

89. INVITA A UN MATRIMONIO PASTORAL O DE REFERENCIA

Este es un rol súper importante. Muchas veces durante el campamento surgen situaciones —o incluso las personas pueden traer situaciones externas— que al servir generan cargas o dificultades, y sobre todo cuando trabajamos con voluntarios de adolescentes o jóvenes según la edad. Frente a eso, incluir a un matrimonio del equipo pastoral o de referencia para el grupo para acompañar al equipo, apoyar a los más jóvenes y dar ánimo y

consejo frente a las distintas situaciones va a permitir que los directores se enfoquen en que el campamento se desarrolle con normalidad, mientras los referentes pastorales cubren alguna situación que pueda surgir.

90. ELIGE UN GRUPO PARA EVALUAR

Al terminar, elige un grupo de las personas del equipo y reúnelas para escuchar su opiniones, evaluaciones y nuevas ideas para futuros campamentos.

IDEAS

para aprovechar el antes y el después

91. EVENTO PRECAMPAMENTO

Cuando estamos promocionando el campamento y animando a los participantes a invitar amigos, puede ser muy bueno generar un evento previo donde podamos invitar amigos, divertirnos y conectar promocionando con mucha intencionalidad que venir al campamento puede ser una gran decisión.

92. EVENTO POSCAMPAMENTO

Esto es incluso más importante que el precampamento, porque muchas veces durante el campamento se inician amistades y procesos personales que luego no continúan por falta de constancia o de un contexto que ayude.

Por eso, al terminar el campamento se puede anunciar que en la próxima semana tendrán un evento donde pueden mostrar videos o fotos de lo que se vivió, reforzar las amistades que se formaron y animar a quienes fueron parte del mismo a continuar participando de lo que están haciendo como iglesia.

93. DALES CONTINUIDAD A LOS GRUPOS PEQUEÑOS

Si decidiste trabajar con grupos pequeños durante el campamento, al terminar el mismo puedes planear con tu equipo darles esa continuidad generando una propuesta para que esos grupos pequeños vuelvan a juntarse, e incluso para que inicien un proceso de discipulado aprovechando todo el movimiento que generó el campamento.

94. HAZ UN PROYECTO DE SERVICIO

Otra opción para darle continuidad a lo sucedido en el campamento es anunciar un proyecto de servicio a futuro, invitando a todos a poder involucrarse y generar así un cambio positivo en la comunidad a través del proyecto, mientras generamos una continuidad del campamento involucrando al grupo en esta tarea.

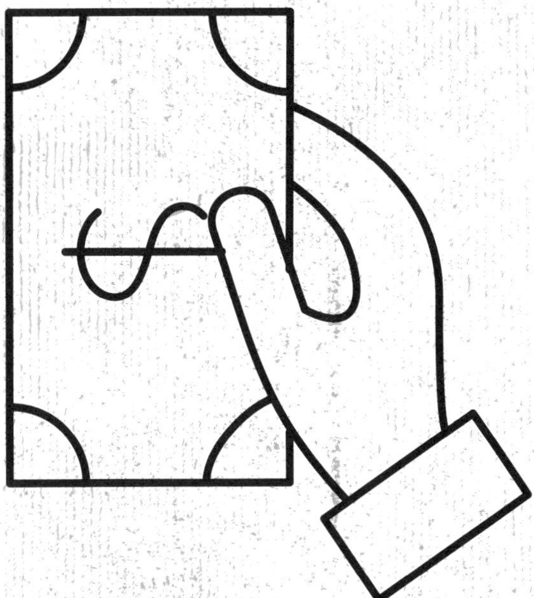

IDEAS

para una mayordomía de recursos

95. HAZ UN PRESUPUESTO

Parece obvio, pero no lo es. Si quieres hacer un campamento memorable debes presupuestar cuánto va a costar: micros, estadía, comida, materiales, etc., así como gastos chicos, grandes y medianos que aparecen y ponen en riesgo el campamento o la salud financiera del ministerio.

Es fundamental que antes de lanzarte a hacerlo te preguntes cuánto cuesta lo que quieren hacer. Al elaborar un listado de todos los gastos importantes debes dejar un gasto para imprevistos y contemplar un presupuesto para el equipo de recreación y ambientación. Al tener todo eso sobre la mesa, deberás preguntarte si al dividir ese número final por la cantidad de participantes es un gasto

que la comunidad podrá pagar para ser parte del campamento.

Si la respuesta es sí, entonces solo debes fijar ese precio y anunciarlo; si la respuesta es no, entonces hay dos opciones: o bajar el gasto en algún área o imaginar opciones donde se obtengan recursos que puedan apoyar y financiar esta iniciativa.

Aquí te van algunas ideas más (si ese es tu caso), pero siempre ten presente que un campamento memorable no se logra solo con mucho dinero, sino con una visión clara, una mayordomía sabia y un equipo entusiasmado con la misión.

96. DONACIONES

Una opción es conseguir donaciones de parte de la iglesia o de parte de empresas de la zona que quieran apoyar la iniciativa, ya sea cubriendo algún gasto (como el transporte, por ejemplo) o haciendo descuentos en las comidas o en

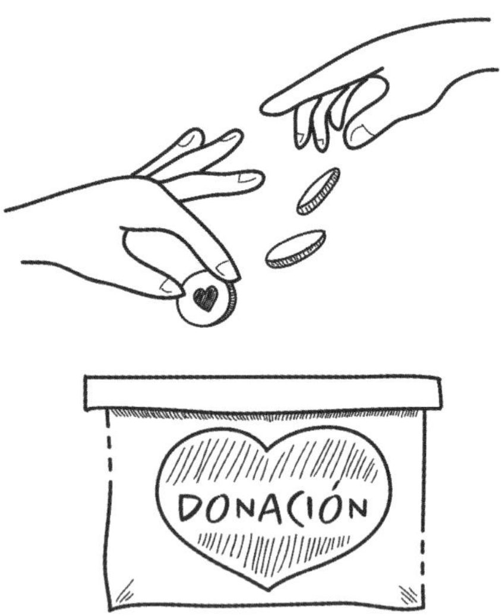

el lugar de la actividad, para que así ayuden que el campamento pueda realizarse.

97. VENDER COMIDA EN LA IGLESIA

Otra posibilidad es generar algún tipo de comida cocinada por el grupo y vender a la iglesia o a vecinos de la zona (esto puede adaptarse a la situación de tu iglesia local o comunidad, ya sea en qué es lo que ofrecen y a qué precio).

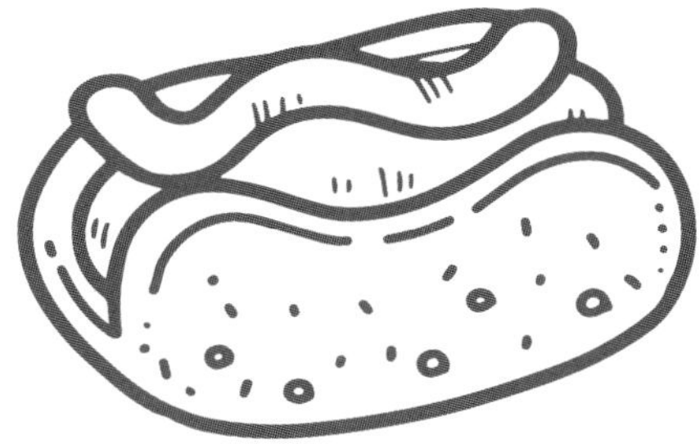

98. ORGANIZAR UN TORNEO DEPORTIVO

Esta puede ser una gran oportunidad para generar conexión con la comunidad, una actividad divertida y evangelística pero además para recaudar fondos, ya que si al costo del evento le agregas un porcentaje para financiar el campamento, seguramente podrás reunir algo más que ayude a seguir adelante con la planificación del campamento.

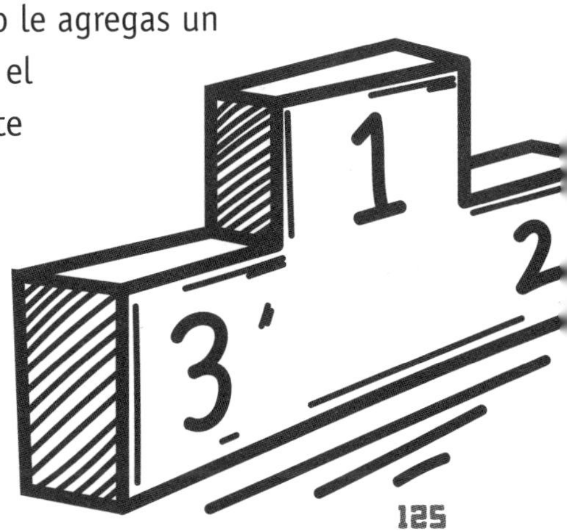

99. COMUNICA LAS NECESIDADES CON CLARIDAD A LA IGLESIA

Dependiendo del tamaño de tu iglesia, seguramente muchos no conozcan qué están necesitando para el campamento, por lo que al comunicarlo con claridad, probablemente muchas personas reaccionen a esto apoyando con compras de comida, gastos generales o acciones puntuales que permitirán que sea posible el campamento.

100. NOCHE DE CINE

Elige junto a los acampantes qué película desean presentar, recordando que el punto es que mucha gente compre un *ticket* para ayudarlos. Pueden preparar bebidas, aperitivos y cobrar un precio por la entrada y otro por la comida; no debe ser un costo muy alto para que el salón pueda llenarse y así el grupo pueda obtener fondos para el campamento a través de esto.

Planifiquen y ejecuten con tiempo, eligiendo una buena película e involucrando a todos en el proceso.

5 trampolines de creatividad

1. DERROCHA GRACIA

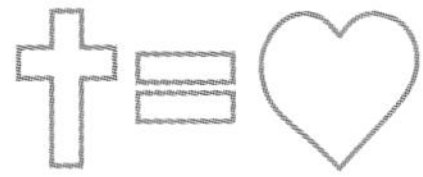

2. CUIDA LOS DETALLES

3. MODELA ESFUERZO

4. TRABAJA EN EQUIPO

5. SÉ VALIENTE

✝ = ♥ derrocha GRACIA

Una de las razones principales de por qué suele faltar creatividad en muchos grupos de personas de todo tipo es porque quienes son parte de ellos no perciben que hay espacio para el error. Es decir, todos tienen temor a equivocarse y que se los regañe o que se burlen de ellos y eso coarta la expresión y la creatividad. El temor es uno de los principales enemigos de la creatividad y el único antídoto contra el temor es el amor incondicional y la gracia que echan fuera el temor a expresarnos.

Enséñales a tus jóvenes que entre los cristianos podemos «equivocarnos en confianza» y algo puede salir mal y no es ninguna tragedia.

A distintos roles distintas reglas y el ministerio de nuevas generaciones no es el lugar para que todo sea profesional y salga bien, sino que debe ser un refugio para que el perfume de la gracia haga que cualquier mal olor pase desapercibido.

La gracia es el primer y más poderoso trampolín para la creatividad de tu grupo.

Cuida los Detalles

Seguramente escuchaste por ahí que hay que hacer las cosas con excelencia, pero no muchos explican que eso no quiere decir que las cosas sí o sí tienen que ser perfectas ni tampoco se suele señalar que la excelencia se crea con pequeños detalles y no necesariamente los más vistosos. Por ejemplo: demasiados líderes ponen toda su atención en lo que sucede en el escenario, pero no en lo que sucede en la entrada al saludar a los que recién llegan y ambas cosas tienen un impacto poderoso.

Siempre piensa en cada detalle de lo que sucede en tu ministerio y presta atención a lo que aparentemente nadie ve.

Modela el Esfuerzo

Liderar es un privilegio que se gana sirviendo y los mejores líderes no le piden nada a sus liderados que ellos no estén dispuestos hacer. Claro que eso no significa que tú tienes que hacer todo, pero sí significa que cuando les pides algo no es por comodidad o porque consideras que tú eres demasiado importante como para hacer esa tarea. Muestra esfuerzo y ellos se esforzarán. Muestra compromiso y ellos se comprometerán.

Trabaja en Equipo

Si un ministerio depende de una sola persona es un ministerio débil, no importa cuántos asistentes haya en ese grupo. Cualquier tipo de éxito será aparente y pasajero. El verdadero éxito tiene que ver con fidelidad a una misión y la misión de un ministerio cristiano es el discipulado que acompaña a la madurez en Cristo y por eso en casi todas las ideas de este libro damos a entender que es fundamental que los participantes sean los protagonistas del ministerio y no solamente el público de un gran líder.

Trabaja en equipo con ellos, con otros líderes que sean buenos para lo que tú no eres bueno. Suma padres e incluso abuelos y apoya a otros ministerios de la iglesia. Dios nos hizo para vivir en comunidad y la calidad de tus relaciones es la verdadera calidad de tu vida.

Sé Valiente

Tus jóvenes y tu equipo se animarán a practicar la fe en la medida en que la vean en acción en tu vida. Demasiados ministerios se estancan porque, aunque tienen líderes que son buenas personas y tienen buenas intenciones, son líderes demasiado preocupados por la crítica o el fracaso o tienen un apetito exagerado por agradar a todo el mundo. Juégatela y se la jugarán quienes te siguen. Anímate a equivocarte y a ser criticado y ellos se animarán también. Equivocarse no es sinónimo de pecar. A veces las cosas salen mal pero nunca sabremos si funcionan si no probamos. Los que hay que hacer es medir costos y si el costo es simplemente que alguien piense que te equivocaste, ¿qué importa? La historia no la escriben los que saben hacer las cosas sino quienes las hacen.

ALGUNAS PREGUNTAS QUE DEBES RESPONDER:

¿QUIÉN ESTÁ DETRÁS DE ESTE LIBRO?

Especialidades 625 es un equipo de pastores y siervos de distintos países, distintas denominaciones, distintos tamaños y estilos de iglesia que amamos a Cristo y a las nuevas generaciones.

¿DE QUÉ SE TRATA E625.COM Y QUÉ ES EL SERVICIO PREMIUM?

ZONA DE CONTENIDO PREMIUM

Nuestra pasión es ayudar a las familias y a las iglesias en Iberoamérica a encontrar materiales de calidad y recursos para el discipulado de las nuevas generaciones. Por eso, existe e625.com que te sirve los 365 días del año con cientos recursos gratis.

Además, existe PREMIUM, nuestra zona de contenido a la que podes acceder con una suscripción como iglesia y/o ministerio para obtener más recursos espectaculares para usar con el liderazgo y las familias de tu iglesia local.

¿PUEDO EQUIPARME CON USTEDES?

Contamos con nuestro Instituto e625 Online, que ofrece diplomados para el ministerio generacional, cohortes pastorales certificadas y clínicas específicas con temas relevantes.

Para conocer nuestra propuestas de formación ministerial ingresa a: www.institutoe625.com

¡APRENDAMOS JUNTOS!